어느 날 슈퍼맨이
중력이 아주아주 센 행성에 떨어졌어.

글 김성화·권수진

부산대학교에서 생물학, 분자생물학을 공부했어요. 책을 좋아하고 과학을 좋아해요. 심오한 과학의 세계로 아이들과 함께 가고 싶어요. 『고래는 왜 바다로 갔을까?』, 『과학자와 놀자』, 『파인만, 과학을 웃겨 주세요』, 『그런데요, 생태계가 뭐예요?』, 『쉿! 바다의 비밀을 말해 줄게』, 『점이 뭐야?』, 『그래프가 쭉쭉!』, 『미래가 온다, 로봇』 외 여러 책을 썼어요.

그림 최미란

서울시립대학교에서 산업디자인을 공부한 뒤 그래픽 디자이너로 일했어요. 그림 그리는 일에 흥미를 느껴, 대학원에서 일러스트레이션을 공부하고, 줄곧 어린이책에 그림을 그리고 있어요. 볼로냐 국제 아동 도서전 라가치상 픽션 부문 우수상을 받았고, 『누구 없어요?』, 『저승사자에게 잡혀간 호랑이』, 『돌로 지은 집 석굴암』, 『슈퍼 히어로의 똥 닦는 법』, 『말들이 사는 나라』, 『삼백이의 칠일장』, 『겁보 만보』, 『글자 동물원』 등 많은 어린이책에 그림을 그렸어요. 쓰고 그린 책으로 『집, 잘 가꾸는 법』과 『우리는 집지킴이야!』가 있어요.

과학 상상, 어떻게 하지? 4
슈퍼맨과 중력

초판 1쇄 2022년 1월 17일 | 초판 3쇄 2023년 6월 5일
글 김성화·권수진 | 그림 최미란
기획·편집 최은주, 박선영 | 디자인 권석연 | 마케팅 강백산, 강지연
펴낸이 이재일 | 펴낸곳 토토북 04034 서울시 마포구 양화로11길 18, 3층 (서교동, 원오빌딩)
전화 02-332-6255 | 팩스 02-6919-2854 | 홈페이지 www.totobook.com | 전자우편 totobooks@hanmail.net
출판등록 2002년 5월 30일 제10-2394호 | ISBN 978-89-6496-460-6 74400, 978-89-6496-368-5(세트)

ⓒ김성화·권수진, 최미란 2022

이 책은 저작권법에 의해 보호를 받는 저작물이므로 무단 전재 및 무단 복제를 금합니다.
잘못된 책은 구입하신 곳에서 바꾸어 드립니다.

제품명: 슈퍼맨과 중력 | 제조자명: 토토북 | 제조국명: 대한민국 | 전화: 02-332-6255
인증 유형: 공급자 적합성 확인 | 사용연령: 8세 이상 | 주소: 서울시 마포구 양화로 11길 18, 3층(서교동, 원오빌딩) | 제조년월: 2023년 6월 5일
KC마크는 이 제품이 공통안전기준에 적합하였음을 의미합니다.
⚠ 주의 아이들이 책의 모서리에 다치지 않게 주의하세요.

과학 상상, 어떻게 하지? 4

슈퍼맨과 중력

김성화·권수진 글 × 최미란 그림

쾅! 학교 다녀왔습니다!

나는 슈퍼맨!
하늘을 슝슝 날고 싶다.
두 팔을 들고
망토를 휘날리며
진짜 슈퍼맨처럼.

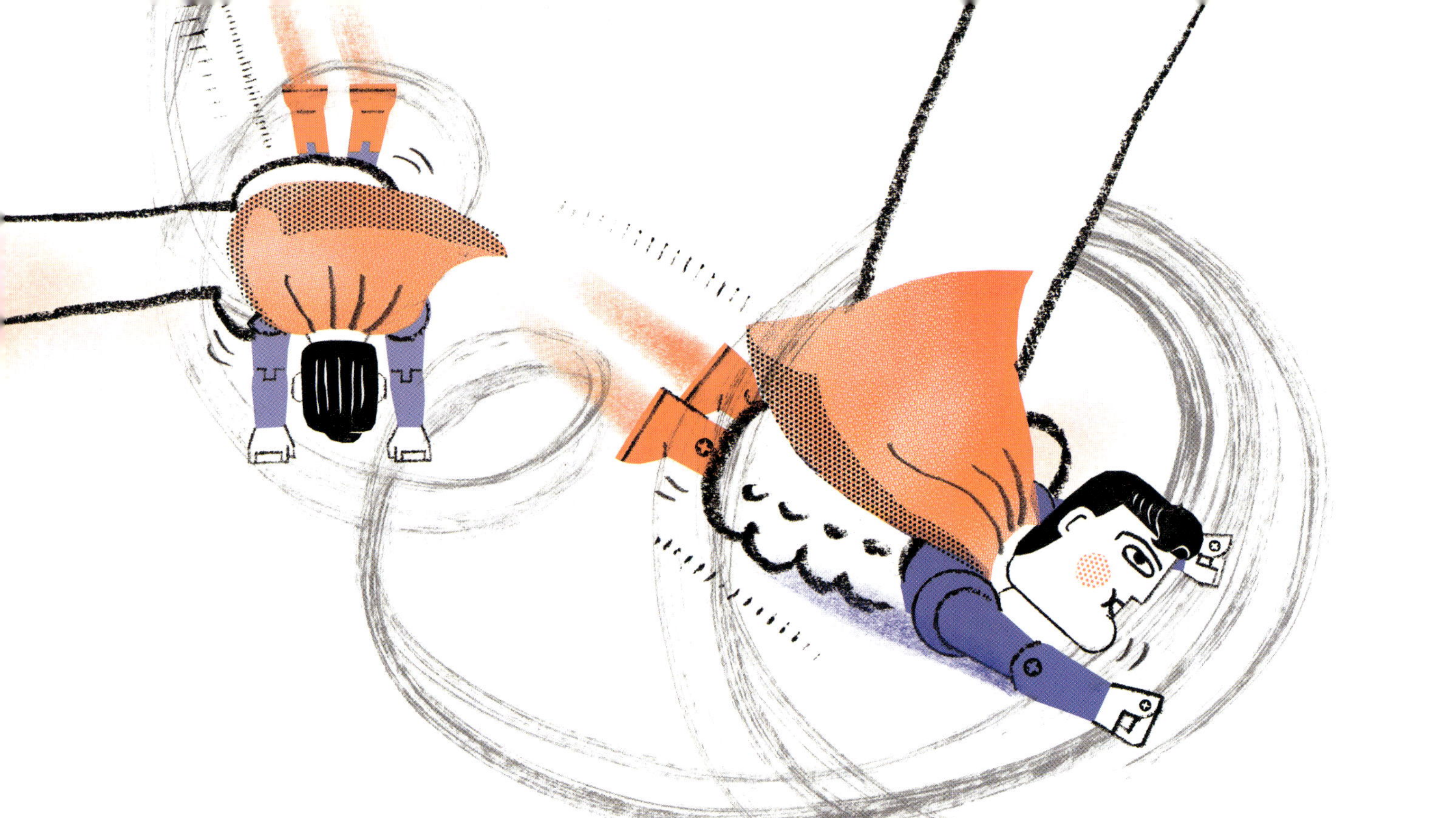

통통한 손이 슈퍼맨을 들어 올렸다.
슈퍼맨을 쥐고 한 바퀴, 두 바퀴
빙빙빙빙!

앗, 플라스틱 망토가 펄럭펄럭!
슈————웅
슈퍼맨이 날아올랐다.
장난감 공장에서 나온 슈퍼맨 중에 처음으로!

으아아아아아아아아

두 팔을 쳐들고   깜깜한 우주로

슈퍼맨이 엎어졌다.
구름이 납작했다.
나무들도 납작하고 가지가 아래로 자라고 있었다.
슈퍼맨은 네 발로 엉금엉금 기었다.
슈퍼맨 체면이 말이 아니었다.

멕시코 모자처럼 생긴 아이가 느릿느릿 기어 왔다.
발이 서른여덟 개나 있었다.
멕시코 모자가 슈퍼맨을 노려보았다.

"발이 네 개뿐이네."

"아니! 두 개인데!"

점점점 쪼그라지고 있어!

"어떻게 된 거야!"

"우리 행성은 중력이 무시무시해.
뭐든지 무시무시하게 끌어당겨.
그래서 우리는 납작해.
뭐든지 납작하고 딱딱해! 딱딱하고 무거워!"

"싫어! 안 돼!
나는 세상에서 가장 멋진 슈퍼맨이야.
하늘을 날았다고!"

멕시코 모자가 꾸엑 소리를 질렀다.
"난다고? 끔찍해! 끔찍해!
하늘을 난다니. 우엑! 토할 것 같아!"

"하늘을 나는 게 얼마나 자랑스러운 일인데.
그걸 꿈도 꿀 수 없다고?"

"빨리 와!"
멕시코 모자가 소리쳤다.
"발이 안 움직여!"

"발이 두 개밖에 없어서 그래.
우리 행성에 오려면 발이 서른여덟 개는 있어야지."
"왜?"
"그래야 잘 걸어!"

멕시코 모자가 빵을 꺼냈다.
"먹어."
"윽! 돌멩이잖아."
"빵이라니까! 우리 행성은 뭐든지 딱딱해. 중력이 너무 세서 그렇다니까."
"이런 건 안 먹어!"
슈퍼맨은 빵을 던졌다.

"무슨 짓이야?"
멕시코 모자가 부르르 떨었다.
"우리 행성에선 던지면 안 돼. 큰일 난다고!
땅이 움푹 패여! 깔려 죽어!
아무래도 너는 너무 위험한 놈 같아. 난 가야겠어."

"같 이

가!"

모든 게 납작했다.
장롱도 납작했다.
텔레비전도 납작했다.
멕시코 모자가 텔레비전의 단추를 눌렀다.
멕시코 모자를 닮은 아나운서가 나타났다.

멕시코 모자가 접시에 차를 가져왔다.   차를 핥아 먹었다.

"집에 갈래!"

"벌써?"

슈퍼맨은 낑낑거리며 언덕으로 올라갔다.

"어떻게 가지?"
슈퍼맨은 팔을 들어 보았다.

"앙! 내 슈퍼맨!"
꼬마가 슈퍼맨을 집어 올렸다.
슈————웅
슈퍼맨은 책상 위에 착륙했다!

슈퍼맨은 팔을 올려 보았다.
잘 올라갔다!
연필을 휙 던져 보았다.

뛰어내려 볼까?

탁!

멕시코 모자가 보면 기절하겠지?

앗, 꼬마가 벌을 선다.
팔이 자꾸자꾸 내려온다.
꼬마는 알까?
왜 팔이 자꾸만 내려오는지!

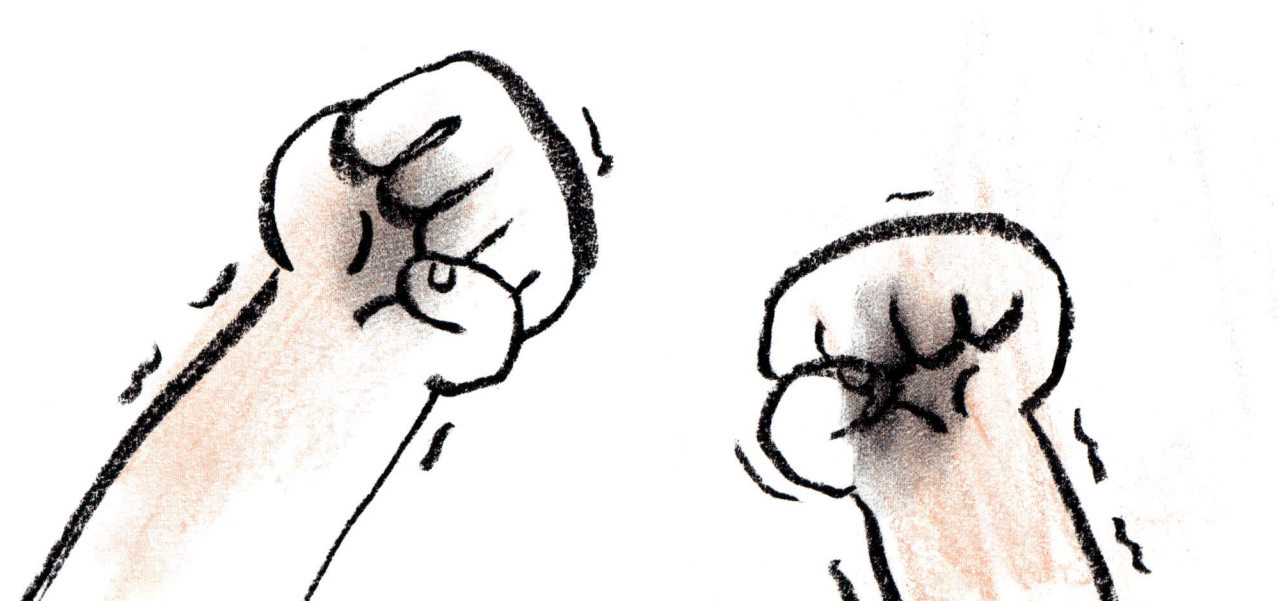

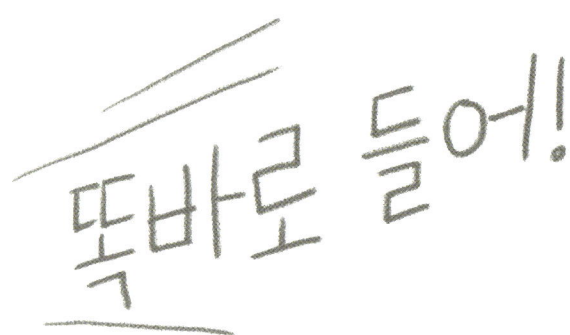

똑바로 들어!

"네가 아니야.
중력이 그랬어!"

"정말?"

중력이 보여?
보여!

공을 던지면 왜 아래로 떨어질까?
아무도 이유를 몰랐는데 350년쯤 전에 아이작 뉴턴이 알아냈어.
그건 우주에 중력이 있기 때문이야!
이상해 이상해. 우주 만물은 모두 중력이 있고 서로 끌어당겨!

중력은 물체가 물체를 당기는 힘이야.

지구에도 중력이 있고 공에도 중력이 있어.
지구의 중력이 너무 커서 공이 땅으로 떨어져.
지구는 지구 위에 있는 모든 것을 끌어당겨.
그래서 네가 지구에 잘 붙어 있는 거야.
돌멩이, 바닷물, 자동차, 구름, 연필, 가로등, 물고기, 먼지, 고양이…….
모든 것이 지구 위 어딘가에 잘 놓여 있어.
만약 지구에 중력이 없다면 모두 다 우주로 날아가 버릴걸.

지구에 딱 알맞은 중력이 있어서 다행이야!

지구보다 더 크고 무거운 행성은 중력이 더 커!
중력이 센 행성에서는 무엇이든 더 세게 끌어당겨.
거기에 외계 생명체가 살고 있다면 몸이 납작할 거야.
행성이 아래로 세게 끌어당겨서 위로 자라지 못해.
지구보다 작고 가벼운 행성은 중력이 훨씬 작아.
그곳의 생명체들은 위로 위로 기다랗게 자랄 거야.
중력이 너무 약한 행성에서는 생명체가 살 수 없어.
중력이 너무 약해서 공기도 물방울도 붙잡아 둘 수 없어.
그래서 중력이 약한 달에는 공기도 물방울도 없어.
지구의 중력은 너무 크지도 않고 너무 작지도 않아서
정말 다행이야!